Wielmoże polscy
1000-1100

Warszawa 2023

Projekt graficzny okładki: Zofia Andrzejewicz

ISBN: 978-83-970104-0-6

Dedykuję tę książkę moim rodzicom.

SPIS TREŚCI

DO 1000 ROKU. CZASY LEGENDARNE.

Traba, a raczej Trąba. Tym mianem określano czasem w najdawniejszych dokumentach Piasta Bolesława I, organizatora synodu gnieźnieńskiego i realizatora zamierzeń cesarza Rzymu, Galii, Germanii i Sklawinii - Ottona III. Chrześcijańscy autorzy rozmaicie tłumaczyli te przezwisko.[1] Czasem poprzez „karambolowanie”, jak słusznie zauważył Joachim Lelewel, czyniono z Chrobrego piwosza (Trinkbier). W Polsce

[1] Monumenta Poloniae Historica, t. 3, Lwów, 1878: dictus est Traba, id est mirabilis vel bibulus qui dicitur sie Tragbir

raczej zapominano o trąbach z baranich rogów, ale pamiętano, że podobne znaczenie posiada salpigx (Mt 24,31). Dźwięk tej trąby ma zbierać w przyszłości wybranych z czterech stron świata.

Pamiątkę wiecznotrwałą, bo żelazną zostawił Bolesław I po sobie, a takie bywały „rogatki" jego kraju: Szarysz (Šariš, castrum Salis lub Galis) na południu,[2] Saalhorn na zachodzie,[3] Kijów na wschodzie[4] oraz

---

[2] Kronika węgierska na początku wieku XII ..., Warszawa, 1823: dochodziły do zamku Galis, gdzie granice pomiędzy Hungaryą, Rusią i Polską stykały się.

[3] Norman Davies, Roger Moorhouse, Mikrokosmos, 2020: Powiada się, że Bolesław Chrobry wyznaczył granice Polski, wbijając żelazne pale z jednej strony w Soławę (Saale) pod Halle, z drugiej zaś w Dniepr w Kijowie.

[4] Adam Naruszewicz, Historya narodu polskiego, Warszawa, 1802: Piszą kronikarze nasi, że król przed wyiazdem swoim, na znak zwycięztwa nad Rusakami, a rozszerzenia królestwa swego, słupy graniczne żelazne w Dnieprze, gdzie do niego Sula rzeka wpada, pozabiiać kazał.

Kołobrzeg (Salsa Cholbergiensis) lub Słup koło Rogóźna na północy.[5] Sól jednak to nie to samo, co miód. Cedynia to nie Macheront,[6] chociaż data dzienna „pierwszego starcia" może się zgadzać. „Ręce Boga" czyniły Vierherren, czyniły braćmi lub kuzynami władców szlachtę całej Italii, Galii, Germanii, Saksonii, Normandii, Bawarii, Szwabii, Węgier, Czech, Rusi i Polski. Mityczny Wschód miał być niegdyś posłuszny wielkiemu przodkowi o imieniu Bougo.[7]

---

[5] Jan Długosz, Dziejów polskich ksiąg dwanaście, Tom 1, Czas, 1867: I pod ów czas Bolesław postawił na rzece Ossie, przedzielającej Prusy od Polski, wieczysty królestwa Polskiego granicznik, to jest słup żelazny, wzniesiony na środku rzeki, o ćwierć mili od miasteczka Rogoźna

[6] Przemysław Kubisiak, Czy Macheront jest miejscem męczeńskiej śmierci Jana Chrzciciela? Historia, archeologia miejsca i teologia, Studia Gdańskie, tom 48, 2021: Macheront pochodzi od greckiego terminu μάχαιρα co oznacza „miecz".

[7] Petr Charvát, Příběhy dávného času, Vyšehrad, 2022: Also, this may be the time in which the name of the purported ancestor of the later Přemyslid dynasty,

Z kolei na Zachodzie, czcigodnymi patronami, jeśli nie protoplastami wszystkich mieli być Thierri, Vitikint, Immir i Reginben. Znał owe supły pokrewieństwa m.in. kronikarz Alberyk z Trois-Fontaines, ale nie wiadomo, czy doceniał tę paneuropejską wspólnotę interesu. Niemniej, na ziemiach położonych nad Wisłą przychodzili w sukurs panującym Piastom szlachetnie urodzeni rycerze, których na kolejnych stronach będziemy nazywać panami Bugi, Tugi lub Rugi, Kurem Białym, Czarnym lub Czerwonym.[8]

Bougo, came in from Iran as heritage of the Sasanian dynasty and its tripartite vision of the world's civilization.

[8] Adam Szelągowski, Wici i topory, Kraków, 1914: W ustach ludu do dziś dnia te trzy wyrazy kokosić się, tytosić się i dyrdosić się, odpowiadają jednemu i temu samemu pojęciu, a więc te trzy proklamy Kokoty, Tadry i Dryja, mają jeden i ten sam podkład wierzeniowy.

WIEK XI. Z PÓŁMROKU DZIEJÓW.

Średniowieczna, ale i nowożytna hagiografia, znacząca część piśmiennictwa chrześcijańskiego pomagała wykreować świętych i błogosławionych, postacie godne czci i naśladowania dla duchowych i materialnych korzyści. Węgrzy przez trzy miesiące oblegali Kraków (Korokou) bez skutku. Wreszcie król Władysław I z dynastii Arpadów, nazywany przez potomnych Świętym wydał rozkaz swoim żołnierzom, aby nocą usypali wielką górę przed murami zamku, a następnie obsypali ją z wierzchu mąką.[9] Temu królowi nie jedną piękną myśl miały podsunąć anioły.

Budowę białego kopca zakończono przed świtem, a na sam widok tej góry obfitości, obrońcy Krakowa opadli z sił pod brzemieniem nowej sytuacji, czy raczej fortelu króla Władysława, syna Beli.[10] Głodujący wyzbyli się woli stawiania oporu, gdyż zrozumieli, że przyszło im się mierzyć nie

---

[9] Krzysztof Benyskiewicz, Mieszko Bolesławowic 1069-1089, Kraków, 2005: Wśród 147 obrazków autorstwa Mikołaja Medgyesiego znajduje się 6 poświęconych Polsce. Pierwsza polska miniatura dotyczy oblężenia Krakowa przez króla węgierskiego Władysława. Przedstawia ona władcę w aureoli, stojącego u podnóża góry, z obnażonym mieczem w dłoni. Na szczycie wzniesienia, na tle gwiaździstego, amarantowego nieba jaśnieje bryła wzniesionego na skale, zdobnego wieżami krakowskiego zamku . Pod murami warowni węgierscy rycerze , za pomocą długich butów, usypują ziemny kopiec

[10] Roczniki historyczne, tom 72, Poznań, 2006: Władysław i jego brat Gejza I byli bowiem synami nieznanej z imienia polskiej królewny, córki Mieszka II, wydanej za Belę I.

z samymi tylko Węgrami, ale też z przeciwnikiem dysponującym zapasami żywności w nadmiarze, być może, zdolnym do tego, aby się nimi dzielić. Ostatecznie, ten efemeryczny kopiec krakowski uzbroił oblegających w cierpliwość, a pozbawił tego samego oblężonych.

Lekki chleb każdemu pachnie. Znajomość miejscowych realiów pozwoliła Arpadzie odnieść sukces. Jeżeli 1085 rok był szczęśliwy dla Wratysława II z dynastii Przemyślidów, króla Czech i Polski, a 1086 rok dla Władysława Świętego z dynastii Arpadów, zdobywcy Krakowa, to kolejne lata należały już do Piasta – Władysława Hermana. Gdy krakowianie zdecydowali się zawrzeć pokój na warunkach węgierskiego króla, skoncentrowali się wyłącznie na swoich przyrodzonych potrzebach. Jednakże, fiołki wkrótce miały zakwitnąć na Piasku (Arena).[11] Piast powracał na swoje miejsce, aby wzorem przodków wziąć w swoje ręce sprawy skarżących się na niesprawiedliwość innych, w tym książąt i komesów.

[11] Piotr H. Pruszcz, Klejnoty stołecznego miasta Krakowa, Kraków, 1861: Władysław II monarcha polski, rzeczony Hermanus, kościół na tem miejscu zaczął fundować roku p. 1087, a to za doznaniem takiego cudu: Miał ten monarcha chorobę w nosie nieuleczoną, w którym się zaległo było robactwo; a tak i fetór przykry, i boleść nieznośna monarchę dręczyła.

OD 1001 DO 1025 R. LATA PANOWANIA BOLESŁAWA I CHROBREGO. Pierwsza wróżda rodowa. Krwawy chaos w Pradze.

Na przełomie lat 1002 i 1003, Piast Bolesław Chrobry, władca niedawno powstałego kraju – Polski mógł snuć ambitne plany polityczne o wielkim kraju zachodniosłowiańskim. Na przełomie lat 1002 i 1003, Przemyślida - Bolesław Rudowłosy, władca usunięty z tronu czeskiego mógł żałować, że okrucieństwem napiętnował bardziej własny ród, aniżeli inne. Wreszcie, na przełomie lat 1002 i 1003, książę Polski Władywoj, którego denary wybijano w Pradze

mógł śnić o budowie nowej Polski bez Piastów. Właśnie miała rozpętać się wróżda rodowa, szaleństwo ogromnych rozmiarów. Szaleństwo wojny, jeśli wierzyć kronikarzom, dosięgło panów Tugi, Rugi i Bugi.
W odniesieniu do doliny Wełtawy należałoby doszukiwać się pod tymi imionami Tetki, Kazi i Libuszy.[12]

Lud czeski nie mógł dłużej znosić okrutnych rządów Bolesława Rudowłosego - Przemyślidy. Lud czeski nie był w stanie znosić dłużej wybryków tego, który był zdolny prześladować swoich najbliższych

[12] Marian Gumowski, Corpus nummorum Poloniae, Kraków, 1939: Według kroniki współczesnego Dytmara i późniejszego praskiego Kosmasa wypędzili Czesi w końcu r. 1002 z kraju swego okrutnego księcia Bolesława III Rudego i powołali na tron z Polski Władywoja. Historia nie mówi nic o jego pochodzeniu, tak że dziś nauka czeska nie chce w nim widzieć Przemyślidy, a polska nie chce w nim uznać Piastowicza.

krewnych, własnych braci, matkę. Przemyślida był bazyliszkiem, który okaleczał, mordował lub planował kolejne morderstwa.[13]

Bolesław Chrobry chciał rozstrzygać w sprawach Czech, a także Moraw. Czechy były beneficjum, o którym wiele rozmyślał Bolesław Chrobry, ale nie tylko on sam jeden. Czechami bardzo interesował się także król Niemiec Henryk II. Książę Polski Władywoj został wezwany do Pragi, niczym „dobry znak przyszłego zwycięstwa". Władywoj, zapewne tożsamy z legendarnym budowniczym Woidskiem zdobył w Ratyzbonie poparcie

---

[13] Wilhelm Bogusławski, Dzieje słowiańszczyzny północno-zachodniej do połowy XIII w., t. 3, Poznań, 1892: Wkrótce jednak pożałowawszy tego co dał braciom, postanowił zgubić ich. Jaromira kazał otrzebić, a Ołdrzyka zamierzył zabić w łaźni, lecz gdy się to nie udało, wygnał braci z matką za granicę kraju, a sam począł po tyrańsku rządzić, lud strasznie ciemiężyć, „na wzór bazyliszka panując sam jeden w pustyni."

króla Henryka II.[14]

W herbarzu Jana Karola Dachnowskiego, herb Niemczyk to też Niesobia, podobnie jak ten dopływ rzeki Prosny – Niesób lub Niesobia.[15] Niesobia to także Krzywosąd, Złodziej. Władywoj może i wybudował pierwsze kościoły w prastarej

[14] Elias Martin Eyring, Vita Ernesti Pii, Ducis Saxoniae, Lipsk, 1704: Originem ducit illa ex illustri & antiquissima Kempinskiorum in Polonia stirpe, quae inde a Miecislai primi Polonorum Christiani Ducis temporibus, auctore Woidsko, primum nobilitatis, deinde Comitum Larissae & Cramcovviae dignitate aucta

[15] Kasper Niesiecki, Herbarz Polski, tom VI, Lipsk, 1841: NIEMCZYK HERB. Niemczyków dom, w Prusiech już ustał, na Szląsku jeszcze się znajdują, ale się zowią Niemczer, to MS. o Familiach Pruskich, bo Paprocki i Okolski o nich nie pisał. Zażywali zaś herbu podobnego do Rokusów, to jest powinna była być tarcza wszerz przedzielona; na wyższej części nosili pół jednorożca czarnego (…) NIEMCZYK HERB. (…) Familiantów tego herbu żadnych nie piszą ciż autorowie i owszem w samej rzeczy, jest to herb Niesobia z małą odmianą: dla tego tu herbu tego nie kładę.

krainie Zliczan lub w Wielkopolsce, lecz orła Przemyślidów trafił jedynie strzałą w ogon. Atak się nie powiódł, wróg przeżył i rozpierzchł się na chwilę.[16] Niestety, wraz z Władywojem nie przeminęła w Czechach nieprawość, a przecież oszustwa popełnione w monecie gubiły nawet najlepszych chrześcijan.

W Czechach, klan Werszowców okrył się szczególnie ponurą sławą. Z usług panów Rugi z wierszą w herbie mieli korzystać zarówno władcy z dynastii Przemyślidów, jak i z dynastii Piastów. Werszowcy wiedzieli, jak sieci zakładać, wszakże ich wiersza to właśnie sieć, sak do łowienia ryb lub innych istot.

[16] Józef Ignacy Kraszewski, Gawędy o literaturze i sztuce, t. 1, Lwów, 1857: gdyby Niesobia postrzegłszy orła nie zawołał - Jeśli go trafię wygrana nasza! Jakoż strzelił i ogon mu obciął, konkludowano z ogona że Czesi uciekną, i tak się stało.

Apetyt na władzę nie malał u Werszowców od czasów półlegendarnej porażki księcia Włastisława poniesionej w starciu z Przemyślidą – Neklanem, czy też z głównodowodzącym jego wojskami. Werszowiec bywał przyjacielem, ale też groźnym przeciwnikiem władców noszących w herbach czarne orły. Władywoj Złodziej miał zapewnić im wygraną w wielowiekowej rozgrywce.[17]

Kazi, siostra Tetki i Libuszy miała być znachorką, specjalistką od leczenia najgroźniejszych chorób, ale i od przygotowywania trucizn. W Czechach,

---

[17] Kazimierz Gutkowski, Rawicze Gutkowscy z Gutkowic, Warszawa, 2003: Wrszowcy byli w Czechach jednym z dwóch najpotężniejszych rodów możnowładczych wczesnego średniowiecza. Tak jak i ród Sławnikowiców, do którego należał św. Wojciech, Wrszowcy wywodzili się z dawnych książąt plemiennych.

swojemu rodowi, czy też klanowi przewodził Kohan, mąż potężny i bogaty. Do realizacji swoich celów, Kohan i jego współrodowcy potrzebowali Władywoja z Polski.[18] Ta jadowita żmija, jeśli wierzyć kronikarzowi Thietmarowi z Merseburga nie stanowiła jednak skutecznego antidotum na szkody wyrządzone wcześniej przez bazyliszka - Przemyślidę.

Władywoja pośpiesznie osadzono na tronie w Pradze. Jego rządy nie trwały długo, bo w 1003 roku już nie żył. Śmierć dopadła księcia Polski, zanim Werszowcy zdołali się umocnić na nowych pozycjach. Przyczyną zgonu miało być niewiarygodne pijaństwo Władywoja. Było to coś, co bez wątpienia

[18] Codex Diplomaticus Et Epistolaris Moraviae, t.5, Brno, 1850: Kohan, Kohannus, vide Kochan

wykluczało go z kręgu dobrych chrześcijan.[19]

Otrzymawszy smutną wiadomość, Bolesław Chrobry skierował wojsko do Czech, błyskawicznie zajął kolejne miasta, w tym stolicę, Pragę. Przemyślidzi, bracia okrutnego Bolesława Rudego, Jaromir i Udalryk ratowali się ucieczką. Wciąż pozostawali na wolności, a więc mogli zaczekać na odpowiedni moment, aby odzyskać władzę we własnym kraju. Mieli im w tym pomóc Berkowie z Dube herbu Ostrzew, panowie Tugi.[20]

---

[19] Andrzej Pleszczyński, Przestrzeń i polityka. Studium rezydencji władcy wcześniejszego średniowiecza. Przykład czeskiego Wyszehradu, Lublin, 2000: Nie zdołał też utrwalić swojej władzy wobec szybkiej akcji Chrobrego, który z powrotem osadził na stolcu praskim Bolesława III - Władywój zmarł w styczniu 1003 r., a na początku lutego (9?) Bolesław III zabijał już w swoim pałacu możnych czeskich, podejrzanych o nieprzychylność dla niego.
[20] Roman Sękowski, Herbarz szlachty śląskiej, t.1, Katowice, 2002: Jeden z najstarszych czeskich rodów

Tuga, niczym ciotka – Tetka, czarownica mająca moc krzywdzenia była tą trzecią trąbą pasterską, do której przynależeli najdawniejsi z dawnych sprzymierzeńcy Przemyślidów.[21] Berkowie, Borkowie, czy też Berkowcy przychodzili z pomocą młodszym braciom Bolesława Rudowłosego, Jaromirowi i Udalrykowi.

Lojalność Berków miała zostać wystawiona na próbę podczas łowów, na które Werszowcy zaprosili księcia Jaromira. Książę zbyt późno zrozumiał, że została

---

rycerskich, znany od X wieku, wywodzący się od rycerza Howora. (…) Według Sinapiusa w Polsce, w XVI wieku, przedstawiciele tego rodu pieczętowali się herbem Ostrzew czyli Pień (Nieczuja) (…) W Czechach ród Berków dzielił się na wiele linii

[21] Wenceslai Hagek a Liboczan Annales Bohemorum t.4, Praga, 1772: At vero instat Hrziwecz, ut tandem tertium postremumque buccinet, verum deliberatores suos circumquaque explorans infelix venationum Ducalium Praefectus perpetuo tardavit cunctatione salutem sua Jaromirique pendere.

zastawiona zasadzka na niego. Polowanie na grubego zwierza przeistoczyło się w egzekucję, która w dodatku się nie udała. Jaromir łatwo wpadł w zastawione na niego sidła, ale zdołał wywinąć się śmierci. Werszowcy byli aroganccy i brutalni, strzelali z łuków do księcia coraz silniej wiążąc go ściśle z jakże bliskim mu dębem. Duba to wszakże Dąb.[22]

Werszowcy Kohana nie mierzyli wystarczająco celnie, aby zabić Jaromira. Przemyślida przypominał sobie o swoich korzeniach i wciąż żył. Zwłoka miała zaważyć na losie wielu Werszowców znęcających się nad swoją ofiarą. Odsiecz przybyła na czas,

[22] Wacław Potocki, Poczet herbów szlachty, Kraków, 1696: Nieczuia, Herb ten zową, y słuszne tytuły. Bo przeżeń zachowany, Oboz był nie czuły. (…) Trudna rzecz do wierzenia, gdy z suchego Klocu co rok rostą gałeźie, a nie bez owocu.

a niedawni napastnicy zostali zmuszeni do ucieczki. Berkowie, panowie Tugi, zawodowi myśliwi stali za uwolnieniem Jaromira z rąk dzikich bestii – panów Rugi. [23]

Według kroniki Hajka z Liboczan, Udalryk, młodszy brat Bolesława Rudowłosego miał uzyskać pomoc na zamku w Drzewicy (Dube). Wspólnymi siłami, Przemyślida - władca i Berkowiec - możnowładca, niczym dwa ostrzewie mieli wygnać Polaków z Pragi. Puszczając w niepamięć dawne niesnaski, Berkowiec z wielką poczciwością nawrócił się do Przemyślidów od cesarza.[24]

---

[23] Bartosz Paprocki, Ogrod krolewsky, 1599: Za takowy ratunek a wiernosć myszliwiec on ktory miał nazwisko Howora od Jaromirza Nobilitowan a za pana przednieiszego w radzie iego beł

[24] Kasper Niesiecki, Herbarz Polski, tom VI, Lipsk, 1841: Nim zaś do Baronatum przyszli, i nim ich Ulryk na tę godność wyniósł, nosili w herbie tylko jeden

Polacy na razie tkwili w Pradze, a cisza, pozorny spokój panujący w mieście stopniowo usypiał ich zmysły. Tamtego dnia poranek był mglisty. Gdy most na Wełtawie został spuszczony, pasterz Czechów zatrąbił, wchodząc na most. Być może, rozległo się bicie dzwonów kościelnych na Wyszehradzie. Atak przeprowadzony z zaskoczenia udał się. Po krótkiej walce, Bolesław Chrobry z niewielkim pocztem Polaków uchodził z Pragi do Polski. Jaromir po pewnym czasie mógł triumfalnie wkroczyć do miasta. Mieszczanie prascy okazywali radość ze względu na to niespodziewane spotkanie, zarówno z Przemyślidą, jak i z jego sojusznikami.[25]

---

pieniek, tak jako u nas w Nieczui widziemy.

[25] Jerzy Możdżan, Prasłowianie, Słowianie, Polacy – rozważania, Krosno, 2015: Chrobry zapewne pragnął złączyć Czechy z Polską, ale jako niezależne

Słodycz zwycięstwa prędko przeminęła, bowiem wiadomość o śmierci pewnej osobistości zaskoczyła i zasmuciła wielu spośród świętujących. Podczas gwałtownych walk stoczonych o poranku na moście, zakończył życie Sobiesław Sławnikowic, jeden z braci samego św. Wojciecha. Sobiesław zabezpieczał odwrót Polaków i zginął zapewne z ręki czeskiego napastnika. Sławnikowice, panowie Bugi znaczyli wiele, zarówno w kraju nad Wełtawą, jak i nad Wartą.[26]

Tymczasem, kolejne nieszczęścia, jedno

---

państwo. W tej sytuacji król Henryk decyduje zbrojnie usunąć z Pragi Bolesława Chrobrego, a jego miejsce zastąpić księciem czeskim Jaromirem.

[26] Lech Chmielewski, Tajemnice herbów polskich, Poznań, 2005: Sławnik, ich dziad, przyjął różę za swój herb i tym pięknym kwiatem obdzielił pięciu synów. Najstarszy miał prawo nosić na tarczy złotą różę, drugi - srebrną (czyli białą), trzeci - niebieską, czwarty - czerwoną, a piąty - czarną, gdyż pochodził z nieprawego łoża.

po drugim, spadały na arcybiskupa gnieźnieńskiego Radzima (Gaudentego) Sławnikowica herbu Róża. Radzim był bratem Sobiesława, ale też bratem świętego męczennika. Ze względu na męczeńską śmierć Wojciecha Sławnikowica oraz wielką popularność jego kultu, zamach na kogokolwiek z jego rodu musiał zakrawać na świętokradztwo. Śmierć Sobiesława na moście nad Wełtawą zamknęła Radzimowi drogę z Gniezna na stolec arcybiskupi w Pradze. Niemniej, nigdy nie zapominano w Pradze o tym, że Radzim pochodził ze najznamienitszego rodu czeskiego. Buga, a raczej Libusza była wieszczką nieustająco podziwianą.[27]

---

[27] Petr Charvát, The Emergence of the Bohemian State, Leiden – Boston, 2010: Slavník's son Soběslav (or Soběbor) assumed the position of family leader of Slavník's descendants. Unlike his father, who had

Jaromir Przemyślida nie wybaczył napaści swoim adwersarzom. Zdobywszy tron w Pradze odbył naradę wraz z ziemianami w sprawie Werszowców. Życie Werszowcom nie zostało darowane. Panom Rugi ścinano głowy, rozpruwano gardła, a Kohan mógł jedynie zgrzytać zębami. Z daleka, zapewne z Polski kierował groźby w stronę domu panującego w Czechach. Werszowcy Kohana mieli się jeszcze zemścić na Jaromirze. Tym razem, mieli nie zawieść. O pojednaniu największych rodów w Czechach, jak i w Polsce nie mogło być mowy.[28]

---

pursued a conciliatory policy towards Prague, Soběslav demonstrated clear confrontational tendencies, and, presumably after the episcopal election of his brother Vojtěch, appropriated the privilege of striking coins which had previously been the monopoly of the Prague court.

[28] Jana Długosza Kanonika Krakowskiego dzieła wszystkie, t.2, Kraków, 1867: A gdy Jaromir, także od brata swego Oldrzycha pozbawiony wzroku, dla ślepoty rządów objąć nie mógł, posadził przeto na

księstwie Czeskiem bratanka swego Brzetysława, syna Oldrzycha, jak wyżej powiedzieliśmy urodzonego z wieśniaczki, przestrzegając go i częstemi upominając namowy: aby ród Wersowiczów, zawsze książętom Czeskim niewierny i nieprzyjazny, z których namowy i on i ojciec jego pozbawieni byli wzroku, starał się do szczętu wytępić i zagładzić.

OD 1026 DO 1050 R. LATA PANOWANIA MIESZKA II LAMBERTA I KAZIMIERZA I MNICHA NAZYWANEGO TEŻ ODNOWICIELEM.

Upadek pierwszej Polski piastowskiej. Początki drugiej.

Minęły lata, a jednak nie zapomniano o zbrodni popełnionej na rodzie Sławnikowiców. Żelazne ostrza dosięgły Sławnikowiców w ich Libicach. Żelazne ostrza pozbawiły życia biskupa Pragi Wojciecha Sławnikowica w krainie Pincenatów, tj. Prusów. Dosięgły również Sobiesława Sławnikowica na moście praskim. Trudne doświadczenia jednej rodziny odbijały się wstrząsami słyszanymi w całym świecie chrześcijańskim. Następstwa wróżdy rodowej miały być odczuwane jeszcze przez długie lata. Współrodowcy Sławnikowiców przetrwali nawałnice, może dlatego, że musieli je przetrwać, aby dokonać zemsty. Starożytny ród Wyszów był silny i rozgałęziony, a tylko jedna gałąź tego wielkiego drzewa została poświęcona dla rozrostu religii chrześcijańskiej.[29]

Wyniesiono Wojciecha, syna księcia Sławnika do wiecznej chwały jako świętego. Polska Piastów, ale i Czechy Przemyślidów zapadały się w otchłań powikłań, groźnych dla jednych i drugich. Sytuacji nie polepszyła wyjątkowa pozycja, a także surowe maniery

---

[29] Słownik starożytności słowiańskich, t.6, 1977: Unzat (Unzat, Uuozot), możny słow. z otoczenia Pribiny (ob.), hipotetyczny (wg Mitterauera) syn Kocelja

jeszcze jednego pana Bugi - arcybiskupa gnieźnieńskiego Radzima Sławnikowica, rodzonego brata sławnego męczennika.[30]

Nikomu nie było łatwo pozbyć się zupełnie wszystkich panów Bugi.
Z pewnością nie powiodło się to czeskim władcom z dynastii Przemyślidów. Dosyć skrupulatnie opisywano ich starania w tej kwestii na przestrzeni co najmniej dwóch stuleci. Poraj to nazwa herbu, ale porej to nie róża, lecz bagno.[31]

---

[30] Róża Godula, Róża męczeńska, Folia Historica Cracoviensia, t. 10, 2004: Herbem Róża-Poraj miał też się pieczętować Radzim Gaudenty – przyrodni brat i wiemy towarzysz podróży misjonarza.
[31] Jozef Borovsky, Chrysalis I, 2019: Upon the death of Pribina I in 861, Louis the Younger appointed Pribina's son Kocel I to succeed his father as the Francian Duke of Imperial Pannonia giving him the title, Count of the Slavs (Comes de Sclauis). He was positioning Kocel I to become the future "King of the Slavs." Kocel I established his capital Blatnohrad (Mosapurc), now the village of Zalavár, Hungary,

Przemyślidzi, Piastowie, panowie Tugi musieli liczyć się z jeszcze jedną potęgą klanową – Werszowcami. Z nimi także zawierano sojusze albo ich zwalczano. Włócznia zemsty Kohana Werszowca dosięgła po wielu latach księcia Jaromira. Cierpliwość została wynagrodzona. Wysłany przez Kohana zabójca przeszył włócznią księcia Czech w miejscu, do którego nawet królowie chodzą piechotą. Śmierć haniebna została przeciwstawiona śmierci chwalebnej. Niedźwiedzie przysługi nie spełniają oczekiwań, a przecież Werszowców nazywano czasem także Ursowiczami. Rawicz to nazwa herbu, a wierszę potrafił zastąpić niedźwiedź kroczący lub łapy niedźwiedzie dzierżące

---

built on the Zala River near Lake Balaton (Blatenské jazero [sk.]), derived from the Slovak word "blato" meaning "mud," thus, "muddy lake" in Slovak.

wytrwale wagę sprawiedliwości.[32]

Róże żywe lub uschłe - Sławnikowice jaśnieli notorycznie bez względu na zachodzące przemiany religijne. Stali się jednak realnym zagrożeniem dla samych siebie, tj. dla tych, którzy pozostali przy życiu i wciąż utrzymywali w swoich rękach włócznie władzy. Dla wywyższonych przez cesarza panów Bugi, którzy postępowali zgodnie z narzuconym porządkiem chrześcijańskim i dla tych, którzy postępowali wbrew temu porządkowi. Zdarzali się dostojnicy lepsi lub

---

[32] Marek Adamczewski, Pieczęcie instytucji sądowych miast Wielkopolski do końca XVIII w. a heraldyka miejska, Acta Universitatis Lodziensis. Folia Historica, t.64, 1999: W Rawiczu znak nadany miastu przywilejem monarszym i występujący na pieczęciach ogólnomiejskich został odmieniony, tak by służyć instytucjom sądowym, by informować o wymierzaniu sprawiedliwości, o ważeniu uczynków. Takie założenie spowodowało, iż kroczący czarny niedźwiedź wspiął się na tylne łapy, a w przednie ujął wagę sprawiedliwości.

gorsi od morskiej algi, co wcale nie ujmowało godności potomkom i współrodowcom księcia Sławnika.[33]

Wielkie koło panów Rugi zapadało się w bagnie po wspomnianej już śmierci księcia Jaromira. Władzę w Czechach przejął kolejny Przemyślida - Brzetysław I, syn Udalryka. Uścisk „ostrej ręki" czeskiego Achillesa miał poznać najznakomitszy pan Rugi, Kohan. Książę Brzetysław, którego potomni mieli porównywać z bohaterem wojny trojańskiej zdołał wyrządzić szkodę Werszowcom i samemu Kohanowi. Tym razem, Kohan nie zdążył wycofać się do bezpiecznego schronienia w Polsce. Brzetysław nie zwlekał

---

[33] Aleksander Brückner, Słownik etymologiczny języka polskiego, Kraków, 1927: poraj, dziś już tylko nazwa herbu, co niby różę na tarczy nosi, ale to nie róża, lecz porej, w 16. wieku dla 'ledum palustre', co zresztą tylko bagnem nazywano (od miejsca gdzie rośnie; (...))

z wymierzeniem kary naczelnikowi Werszowców. W ramach odpłaty za krzywdę, wyłupiono mu oczy i wyrwano język. Jeśli wierzyć Dalemilowi i innym kronikarzom, krewni Kohana zostali zmuszeni do oglądania egzekucji. Sparaliżowani strachem nie śmieli protestować, gdy Kohana zaznajamiano z karą wypuszczenia kiszek. Najwidoczniej, pogańscy Prusowie nie byli jedynymi, którzy w ten okrutny sposób uczyli pokory swoich adwersarzy.[34]

Rok 1038 był feralny również dla panów Bugi. Triumfy ośmielają, a porażki nadwerężają: Brzetysław, czeski Achilles runął na Polskę w najbardziej dogodnym dla tej

[34] Dariusz Makiłła, Historia prawa na ziemiach polskich, t.1, Toruń, 2000: wypuszczenie jelit (stosowane zawsze wobec złodziei barci pszczelich - polegało na wycięciu pępka i przybiciu go do słupa lub drzewa, po czym skazańca pędzono wokół niego, tak aby jelita owinęły się;

inwazji momencie. Gall Anonim w swojej kronice opisał spustoszenie Polski, krzywdy i ogromne nieszczęścia, jakie na Polskę wtenczas spadły. Była to istna zaraza lub spełnienie klątwy rzuconej przez sprawiedliwych na grzeszników. Gall Anonim obwinił za doprowadzenie kraju do ruiny zarówno cudzoziemców, jak i jego mieszkańców.[35]

Odchodzący od wiary wszczęli bunt przeciwko kapłanom. Niewolnicy powstali przeciwko swoim panom. Każda świątynia została splądrowana. Chwile słabości przeciwnika należy wykorzystywać przeciwko niemu, dlatego wkrótce również każda polska twierdza została zdobyta przez Czechów.

---

[35] Gall Anonim, Kronika polska, Wrocław, 1982:
I choć tak wielkie krzywdy i klęski znosiła Polska od obcych, to jeszcze nierozsądniej i sromotniej dręczoną była przez własnych mieszkańców.

Czesi Brzetysława mścili się za dawne krzywdy, przy tym, wręcz odchodzili od zmysłów. Wreszcie żołnierze czescy zbezcześcili ołtarz w gnieźnieńskiej bazylice, aby wydobyć to, co było w ich mniemaniu najcenniejsze. Wyniesiono relikwie św. Wojciecha Sławnikowica. Wyniesiono również ciało jego brata, arcybiskupa Radzima-Gaudentego.[36]

Nie chcąc podzielić losu krakowian, głogowian i poznanian, mieszkańcy Giecza wyszli naprzeciw wojsk Przemyślidy. Nieśli przed sobą złotą gałązkę, a może sześć

---

[36] Aleksander Semkowicz, Krytyczny rozbiór Dziejów Polskich Jana Długosza (do roku 1384), Kraków, 1887: Według Cosmasa, wyruszył Brzetysław na Kraków, zniszczył go do szczętu i wielkie z sobą zabrał skarby. Dług. sądził, że zetrze urok z prastarej tej stolicy, gdy wiadomość tę powtórzy; wytyka więc (na podstawie Galla) pochodowi czeskiemu drogę na Wrocław i Gniezno. (…) Dług. przedstawia Brzetysława, jako nienasyconego łupiezcę

złotych lasek. Zrzuceni z piedestału zasługi poszukiwali wybawienia od marnej śmierci. Wojska czeskie obracały Polskę w popiół, ale Gieczanom Przemyślida okazał łaskę. Pokojowe rozwiązanie wymagało poddania się jednej strony bez walki, a już samo to obarczyło trudnym do zniesienia ciężarem znakomitych mężów Bugi na wieki.[37]

Ze względów osobistych, Kosmas, dziekan kapituły praskiej i jednocześnie kronikarz zachował dla potomnych pamięć

---

[37] Andrzej Buko, Ośrodki centralne a problem najstarszego patrymonium dynastii Piastów, Archeologia Polski, t. 57, 2012: Giecz w czasach Chrobrego mógł być przygotowywany na (główną?) rezydencję dla Mieszka II w okresie jego działań w Wielkopolsce (…) Koncepcja ta tłumaczyłaby zarówno fakt znaczącej koncentracji sił militarnych w tym miejscu, jak i jego wysoce reprezentatywny i elitarny charakter. Po części pozwala też lepiej zrozumieć, dlaczego po kryzysie z końca lat trzydziestych XI w., którego efektem był wzrost znaczenia Krakowa, zamysł rezydencjonalnego kreowania tego ośrodka został zaniechany.

o niewoli zastępu znakomitych ludzi, których skuto kajdanami i odprowadzono do Czech. Jedynie nieliczni wysłużeńcy Piastów, a wśród nich może garstka panów Bugi zdołała wycofać się za Wisłę. Brzetysław zabrał ze sobą gieckich dziesiętników, gnieźnieńskie skarby i relikwie.[38] Upokorzeni panowie Bugi towarzyszyli świętym relikwiom swoich przodków. Pozostawali żywi, chociaż ciążyły im niesione w rękach złote krucyfiksy.
W Czechach znaleziono odpowiednie miejsce dla panów Bugi, boleśnie pokutujących, ale przecież łaskawie pozostawionych przy życiu. Nienasycony Przemyślida nadał białolicym, srebrnowłosym panom Bugi część lasu, który

[38] Kosmas, Kronika Czechów, Warszawa, 1968: nie czując się na siłach znieść uderzenia księcia, wyszli mu naprzeciw niosąc złotą gałązkę, co było znakiem poddania się, i pokornie prosili, aby ich w pokoju z ich trzodami i innymi przynależnościami przeniósł do Czech

zwał się Czernin, aby oni, a następnie ich potomkowie mogli się w nim zadomowić i wzrastać na tej odpowiednio urodzajnej ziemi.

Polskimi antecesorami kronikarza Kosmasa zaopiekował się czeski Kościół. Biały pasterz - Radzim miał jeszcze powrócić w blasku chwały. Panowie Bugi z ciemnych otchłani, jak kiedyś ich przodkowie na brzegu jeziora Blateńskiego - Balatonu patrzyli z nadzieją w jaśniejące nad nimi okno przyszłości. Pamiętali dobrze, gdzie niegdyś leżał święty Radzim, brat równie jaśniejącego świętego Wojciecha - Adalberta. Jęki na pustkowiu rozbrzmiewały coraz głośniej.[39]

---

[39] August Bielowski, Wstęp krytyczny do dziejów Polski, Lwów, 1850: zdaje się, że pochodził ze szlachetnej i zamożniejszej rodziny, jednej z tych co około roku 1039 przesiedlone zostały do Czech z Polski. Opisawszy bowiem pod tym rokiem powrót

Wielkie koło panów Tugi uległo wypadkowi z powodu ambicji ich lidera, Mojsława herbu Prus. Bartosz Paprocki miał znaleźć informację o nim w pewnych skryptach – herb Mojsława znano jako Wilcze Kosy (Prus II). Od wielu wieków znano te trzy gwiazdy w pasie myśliwego Oriona. Polscy heraldycy słusznie łączyli gwiazdy z postacią legendarnego Floriana Szarego z Surdęgi, którego sąsiedztwo równie astralnego lub starożytnego pana z Bąkowej Góry bolało bardziej niż trzy przeszywające ciało włócznie. Trzy włócznie toczyły z niego krew, podobnie jak liszki pszczelne toczą

Brzetysława z pamiętnej do Polski wyprawy, powiada: Naostatek wiozą więcej niż na stu wozach dzwony niezmiernej wielkości i wszystkie skarby polskie; postępuje za niemi niezliczone mnóstwo mężów szlachetnych: skutych łańcuchami, z obrożami na szyjach; a śród nich, ach nieszczęśliwy jeniec! mój pradziad, stanu duchownego, z powołania presbiter.

drzewo.[40]

Mojsław rzucił wyzwanie innym, gdyż wielkie możliwości odsłoniły się dość nieoczekiwanie. Fortuna odwróciła się od wielu jego dawnych przeciwników. Trudno osądzić, czy Mojsław nadużywał psiwa, czy z powodu istotnych wad charakteru dorobiono mu wizerunek szkodliwego trutnia. Dalekosiężne plany jego głównych rywali, panów Bugi i Rugi wzięły w łeb, ale jemu zdawało się, że jest tą najchytrzejszą z liszek. To on, w ocenie potomnych, podniósł do góry flagę zbuntowanego narodu Mazowsza. Dzierżył nową barć, nowy pszczeli gród, i tylko tym czynem naraził się wielce synowi

[40] Marek Cetwiński, Herby, legendy, dawne mity, Wrocław, 1989: Nic tedy dziwnego, że gdy zmieniła się moda miejsce Floriana Szarego zajął król Gotów Sarus, pogromca germańskiego wodza Radagajsa z 406 r.

Czerwonego Słońca, wielkiemu księciu Jarosławowi I Rurykowiczowi.[41]

Zniewaga była wielka, gdyż Mojsław nawiązał do spuścizny Masława – Mezamira, który zjednoczył niegdyś całą Słowiańszczyznę. Mojsław uczynił się nowym, chociaż nieudanym Masławem, samorządcą. Ambicje pretendenta do władzy zostały sprowadzone do zuchwalstwa, plugastwa, które należało ukrócić. Nie można wykluczyć, że na Rusi pamiętano o udziale panów Tugi w zabójstwach dokonanych na otoczonych aurą świętości braciach wielkiego księcia

---

[41] Monumenta Poloniae Historica, t. 1, Lwów, 1864: Jarosław tedy robił aż trzy wyprawy do Mazowsza, jak o tem Nestor, a dokładniej jeszcze Sofijski wremennik rozpowiada (…) Jarosław zaś po dwóch daremnych, ile się zdaje, wyprawach do Mazowsza, zrobił nakoniec jeszcze jedną, (…) szedł Jarosław po raz trzeci na Mazowszany, i zwyciężył ich, i xięcia ich Mojsława ubił, i ziemię tę podbiwszy, oddał Kazimierzowi

Jarosława I. Zabito i opłakiwano Borysa i Hleba.[42]

Nie starożytna ziemia wołyńska, ani Mazowsze, ale ziemia krakowska i Polska miały zostać odnowione poprzez sojusz Jarosława Rurykowicza z naprędce przywróconym na tron Piastem, Kazimierzem Mnichem. Mojsławowi – Masławowi nie zdążyli pomóc sprzyjający mu Pomorzanie.

---

[42] Dariusz Dybek, Z kart kronik do żywotów świętych - Borys i Gleb w literaturze staropolskiej, Pamiętnik Literacki : czasopismo kwartalne poświęcone historii i krytyce literatury polskiej 84/3/4, 5-16, 1993: Po Borysie, któremu „słudzy Swantopełkowi kazali dwiema Waragom serce jego mieczami przebić i głowę precz odjąć", zabity został Gleb — tu Stryjkowski także zaznacza, że było to w czasie modlitw. (…) Kroniki zaś Ruskie twierdzą, iż Swantopełk będąc od Jarosława porażony uciekł (…) a przebiegwszy polską ziemię, przybiegł na pustynią między Czechy i Lachy i tam swego niecnotliwego żywota (jak go oni sądzą) dokończył, i tam jest przepaść aż do dnia dzisiejszego, gdzie się zapadł, z której wychodzi smród jadowity na objawienie ludziom.

Płonne były ich wysiłki i biel wzięła górę nad czerwienią.[43]

Brakowało piastowskiego miecza nad Wartą, gdy kilka lat wcześniej żołnierze czeskiego Achillesa zjawili się pod Gieczem, Poznaniem i Gnieznem. Tym razem, żołnierze Kazimierza Mnicha, którzy żegnali się znakiem krzyża zbudzili się na czas. Piast Kazimierz powrócił z zagranicy, a wraz z nim przybyło wielu rycerzy, w tym sześciuset tych, których zapewnił mu cesarz. Owi zbrojni byli znani ze swojej asertywności. Brodzili we krwi wroga. Kazimierz odzyskał miecz i stanął na straży kraju.[44]

---

[43] Kronika Książąt Polskich, Opole, 2019: Mazowszanie ponieśli tak straszną klęskę, że Kazimierz bijąc mieczem cały był oblany czerwoną krwią (…) A kiedy oni walczyli, pojawił się w powietrzu ktoś, odziany w białe szaty (…) Warta wystąpiła z brzegów na skutek wielkiej ilości krwi.
[44] Wielka encyklopedia Powszechna, tom IX,

Potrzebny krajowi sojusz Piasta z władcą Rusi przypieczętowało małżeństwo z Dobronegą, siostrą szlachetnego Jarosława Rurykowicza. Samym biedzeniem bożym niektórzy się biedzili i pobiedzili.[45] Zauważono już dawno, że wschodniosłowiańska pobieda oznaczała również zwycięstwo bitewne. W tym celu należało poczynić przygotowania, ponieść pewne koszty. Wielki książę Rusi zażądał stosownego do zamysłu wiana – ośmiuset ludzi - jeńców, nie licząc kobiet i dzieci.

Bitwę stoczono nad pewną rzeką, może

Warszawa, 1893: R. 1088 Kazimierz Mnich, jak podaje Niesiecki, herb ten nadał pewnemu junakowi za waleczność w bojach z Masławem i Jaćwieżą: a że ów junak miał długą brodę, więc herb mu nadany nazwał: Brodzicz v. Brody; właściwszym jednak byłby może wywód nazwy herbu od: brodzenia we krwi wroga.

[45] Samuel Bogumił Linde, Słownik języka polskiego, tom 4, Lwów, 1858: Biedzeniem bożym biedziłam się, z siostrą moją, pobiedziłam

Wartą, może Wisłą, a może zupełnie inną, na którą cała potęga Rusi mogła łatwo przedostać się w łodziach. Ta rzeka zaczerwieniła się, jeśli nie wezbrała z powodu wielkiej liczby zabitych. Podążając za wskazówkami zamieszczonymi przez Wincentego Kadłubka w jego kronice, łatwo można było ulec złudzeniu, że tym, który zginął na najwyższej ze znanych szubienic był wyniosły, elokwentny, chociaż głupio uparty Mojsław. Wilcze Kosy to też miecz i klin ognisty, który runął na ziemię podczas burzy. To narzędzia sakralnej mocy, niczym gwóźdź Krzyża świętego, a nie wyłącznie jakiś barbarzyński, pruski, czy też gocki Tyr.[46]

---

[46] Jerzy Bartmiński, Słownik stereotypów i symboli ludowych, 1996: Wiara w pochodzenie kamieni piorunowych z nieba i w ich związek z piorunem sprawia, że są one uważane za symbole płodności (…) Szerokie zastosowanie kamieni piorunowych w lecznictwie ludowym tłumaczy się tym, że są one

Nie mogąc ściąć głowy Piastowi, Mojsław-Masław sam sobie de facto głowę ściął. Jego wydumane ambicje zmroziły umysły pozostałych przy życiu panów Tugi. Zabezpieczony sojuszami, książę Kazimierz Mnich zwany też Karolem zatroszczył się o spokój i równowagę pomiędzy głównymi siłami w odrodzonym kraju. Odtąd, od lojalności wobec władcy w Krakowie zależało poczucie bezpieczeństwa u jego wasali. Przepadły dawne przywileje i swobody, przepadła niezależność.[47] Handel ludźmi

---

uznawane za „narzędzia sakralnej mocy, która w nich jest zawarta"

[47] Joachim Lelewel, Polska wieków średnich, t.1, Poznań, 1855: Przywilej ten zaginął czasu wojny Polski z Niemcami 1049. To nam powiada Leon Weyl z Piły (Schneidemühl) (czy z Leśna), w artikule Beitrag zur Gesch. der Juden in Polen (in Orient herausgeg. von Fürst, Xter Jahrg. 1849 p. 143, 155, 159) powołując się głównie na dzieło bezjimiennie w Berlinie 1801 wydane

napotykał coraz większe trudności.[48] Gdy zniszczono siedlisko fałszu, przyszedł czas na zwalczanie innych błędów.[49]

---

[48] Hanna Zaremska, Żydzi w średniowiecznej Polsce. Gmina krakowska, Warszawa, 2011: Respons, w którym wspomniana została krakowska osada izraelicka, jest – jak się uważa – opinią udzieloną przez samego Jehudę na prośbę jednego z żydowskich kupców, którzy w czasie podróży w interesach zatrzymali się w Krakowie i zwrócili się do przywódców miejscowej kolonii izraelickiej o rozstrzygnięcie zaistniałego między nimi konfliktu. Byli handlarzami niewolników. Zrelacjonowana w responsie historia sporu – nie do końca jasna, choć sama w sobie ciekawa – potwierdza istnienie w Krakowie w pierwszej połowie XI wieku gminy izraelickiej, cieszącej się pewną autonomią, o czym świadczy działanie własnego sądu, uprawnionego do rozstrzygania konfliktów między żydowskimi kupcami czasowo tylko bawiącymi w kolonii i pobierania od nich grzywien. Przekaz ten sytuuje miejscową kolonię w jasno określonym obszarze ówczesnej żydowskiej aktywności kupieckiej.

[49] Klaudia Dróżdż, Kazimierz Odnowiciel, Wodzisław Śląski, 2009: Książę, mając szerokie kontakty w Niemczech poprzez matkę i wuja Hermana, bez większych problemów mógł postarać się o sprowadzenie mnichów, czy to poprzez Brauweiler z Leodium, czy też, jak podają inne źródła, z Cluny.

OD 1051 DO 1075 R. LATA PANOWANIA KAZIMIERZA I MNICHA I BOLESŁAWA II ŚMIAŁEGO NAZYWANEGO TEŻ SZCZODRYM.

Głowa św. Stanisława oraz strażnicy jego rąk i nóg.

Księżna Dobronega, matka Bolesława II wydatnie wspierała syna przez długie lata, gdy rozgrywano kolejne partie o upragniony fant, diadem królewski. Bolesław II był daleki od tego, aby próbować wydzierać królowi Niemiec regalia królewskie wzorem swojego wielkiego pradziada. Wielmoże, biskupi, w tym biskup krakowski Stanisław z familii Turzyna (Prus I) nie opuszczali księcia w potrzebie. Sposobu na zaspokojenie książęcego pragnienia poszukiwano nie po drugiej stronie Odry, ale w odległym Rzymie. Pośród łask św. Piotra i postanowień jednego z jego następców, radykalnego papieża Grzegorza VII.[50]

W czasach, gdy zaostrzał się spór o władzę nad katolicką Europą pomiędzy królem Niemiec z rodu Salierów, a papieżem, Bolesław II stanął po stronie księcia Apostołów. Kościół mógł go przyjąć, niczym własne dziecko. Bolesław II był skłonny uznać swoją podległość wobec papieża

[50] Tadeusz Grudziński, Bolesław Szczodry: zarys dziejów panowania. Cz. 1, Toruń, 1953: Opowiada nam kronikarz, że wyprawę na Węgry w celu restytucji Beli w roku 1060 poprzedziły na dworze polskim narady wygnańców z księżną-matką, synem i wielmożami, z których wymieniony jest jakiś Sieciech. Z tonu tej notatki (…) można mniemać, że autor nie uważał Bolesława za wszechwładnego pana, decydującego o wyprawie, lecz tylko za syna księżnej, przysłuchującego się raczej dla nauki naradom, niż rozstrzygającego sprawę.

i porzucić całkowicie władcę świata chrześcijańskiego. Mógł też zapomnieć o tym, że jego ojcu, Kazimierzowi pomagał nie tylko największy władca Zachodu, bowiem równie doniosłą pomoc otrzymał on od spokrewnionego z nim władcy Wschodu

- wielkiego księcia kijowskiego. Polska miała powstać w wierze żywej za sprawą św. Piotra, a nie poprzez wskrzeszenie wyimaginowanego Piotrka z Piotrawina.[51] Z Bolesławem II lub bez Bolesława i jego „bólu".[52]

---

[51] Antoni Oleszczyński, O Polakach co słynęli w obcych i odległych krajach. Opisy i wizerunki, Paryż, 1843: w wiosce Piotrawinie oglądałem kamień grobowy Piotrawina, z napisami które dzisiaj już trudno odgadnąć. Tam pokazują w skarbcach kościelnych złotolitą kapę, w której święty Stanisław miał wskrzesić Piotrawina, i lipę jakoby do góry korzeniem zasadzoną, i nad zakres życia wegetacyjnego, od dnia 8 Maja 1079 r. do dziś dnia świeżą i rozłożystą...

[52] Jacobus Schikfuss, New vermehrete Schlesische Chronica unnd Landes Beschreibung, Wrocław, 1625:

Biskup krakowski Stanisław ze Szczepanowa robił, co mógł, aby uczynić Kościół w Polsce żywym. Syn Magnusa, czyli Wielisława wyróżniał się nie tylko znakomitym pochodzeniem, zagranicznym wykształceniem. Niemalże własnym imieniem ustanawiał nowy porządek w oparciu o chwałę Bożą .[53]

Stanisław reprezentował sławną stanicę panów Tugi, których najdawniejsze siedziby w ziemi krakowskiej znajdowano nad rzeką Rabą. Herb tych Prusów (Prus I) nazywano Turzyną, ale czasem zwano również Wagami. Waga u Stanisława była przecież sprawiedliwa, o czym już Wincenty z Kielczy zapewniał

Diese Fabel haben die Ablaskrämer erticht, darmit das Fegfewer heiß zu machen: Dasselbe ist anfenglich von Gregorio erfunden, darzu ihm etliche Gespengst anleitung gegeben.

[53] Martini Galli Chronicon, wyd. J. W. Bandtkie, Warszawa, 1824: istans laudi, sive etiam stacio laudis

w mniejszym żywocie tego świętego.[54]

Stanisław ze Szczepanowa dostrzegał pozory, które czynił piastowski książę. Wiedział doskonale, o czym Bolesław marzył. Biskup krakowski pamiętał również, że praca dla religii i Kościoła rzymskiego liczy się najwięcej. Gdyby dobry koń okazał się lichą kobyłą, Stanisław ze Szczepanowa był gotów pozbawić tę kobyłę skóry. Był gotów własnymi rękami wyrwać jej szczękę, jeśli obrałaby ona drogę podstępu i obłudy. Był skłonny obnażyć szpetotę oraz napiętnować dla nadrzędnego dobra smrodem godnym chabaniny – końskiego ścierwa aktualnie

---

[54] Wincentego z Kielc żywot mniejszy i żywot większy św. Stanisława, Analecta Cracoviensia, t. 11, 1979: Sprawiedliwa była u niego waga, sprawiedliwa miara, sprawiedliwy i garniec, ponieważ wiedział, że fałszywa waga i fałszywa miara zarówno znienawidzone są w oczach Bożych.

panującego władcę Polski.[55]

W trosce o spokój i równowagę pomiędzy głównymi siłami w odrodzonym kraju, Bolesław cenił szczególnie tych panów Bugi, Tugi i Rugi, których pochłaniała walka o odzyskanie prawie zapomnianych rubieży Polski. Był gotów wspierać panów Bugi przeciwko czeskim Przemyślidom, a Billungów – panów Rugi w Saksonii przeciwko królowi Niemiec.[56] Jednocześnie

---

[55] Jan Długosz, Żywot świętego Stanisława biskupa krakowskiego oraz żywoty świętych patronów polskich, węgierskich, czeskich, morawskich, pruskich i szlązkich, Kraków, 1865: kazał aby kościoły przestały służbę Bożą odprawiać każdego czasu, kiedy król będzie obecny: a z klaczy ubranie wszelkie zdzierając, dla objawienia hańby królewskiej, nozdrza i całą paszczękę własnemi rękami uciął, i bydlę już samo z siebie szpetne jeszcze szpetniejszem uczynił

[56] Tadeusz Grudziński, Bolesław Szczodry: zarys dziejów panowania. Cz. 1, Toruń, 1953: Znane zaś było na pewno Billungom stanowisko Gejzy i związki jego ze Szczodrym. Małżeństwo Magnusa z Zofią było zatem podwójnie korzystne, ponieważ zbliżało dwór saski jednocześnie i do Węgrów Gejzy i do

niepokoili go, a wręcz dręczyli ci, których najwięcej obchodziła sytuacja wewnątrz kraju. Poczynania szlachty rozsierdziły bardzo Bolesława Śmiałego. Mieczem materialnym miał on zamiar zwalczyć niematerialne zagrożenie i wszelkie wobec siebie nieposłuszeństwo.

Dobronega, matka księcia Bolesława była według niektórych znawców historii wszechwładną kobietą, ale były w XI w. i inne, silne niewiasty. Od najdawniejszych czasów, kobiety posądzano o czary. Powszechne było owe przekonanie o kobietach, którym wypominano paranie się magią, używanie trucizn lub diabelskich

---

Polski Bolesława. (…) Nie może ulegać wątpliwości, że jeśli dotychczas Bolesław nie był jeszcze w kontakcie z Sasami, to małżeństwo Magnusa jest najpóźniejszą datą nawiązania go

sideł.[57] Kobiety niewierne, pogańskie bywały problemem, ale dawne przesądy mniejszą odgrywały rolę, gdy ścierano się o władzę i sprawowanie kontroli nad dobrami ziemskimi.

Panowie Tugi postępowali, niczym kołomazy - smolarze wypuszczeni z puszczy. Swoim dziedzictwem, Brzeźnicą nad Wisłoką podzielili się jednak z biskupem Stanisławem, chociaż przy tej okazji poranili wielu z jego pomocników. Uświadomili sobie prędko, że nie stanowił on dla nich przeszkody nie do pokonania, ani nawet im nie zawadzał jak własne członki. Stanisław ze Szczepanowa przychodził z ojcowską pobłażliwością.

---

[57] Monumenta Poloniae Historica, t. 1, Lwów, 1864: Najwięcej zaś przez niewiasty biesowskie czary dzieją się, na początku bowiem bies skusił niewiastę, ona zaś męża, tak też przez wszystkie pokolenia niewiasty wiele czarują to czarnoxięstwem, to trucizną, to innemi biesowskiemi sidłami

Przeszkodą dla wielmożów nie był Kościół.[58] Stanisław odważnie musiał stanąć w obronie pobratymców dopiero wtedy, gdy zawisł nad nimi miecz książęcy, a przeciwko nim zostały zatrudnione sfory miejskiego pospólstwa.

Kronikarz Jan Długosz uczynił z Bugi i jej możnych synów ofiarę rządzy Bolesława Śmiałego. Stworzył przystępną dla swoich czytelników postać Krystyny, żony Mścisława z Bużenina (Burzenina). Buga, a właściwie

[58] Jan Długosz, Żywot świętego Stanisława biskupa krakowskiego oraz żywoty świętych patronów polskich, węgierskich, czeskich, morawskich, pruskich i szlązkich, Kraków, 1865: proszony będąc od pewnego szlachcica dyecezyi swojej, Jana z Brzeźnicy, na odprawienie obrzędu poświęcenia kościoła tamecznego, przybył do wsi wspomnionej, aby owego świętego obowiązku dopełnić, od tegoż szlachcica gwałcącego prawo gościnności, w sposób krzywdzący wygnanym był ztamtąd i wyrzuconym, a nadto niektórzy z jego sług i domowników tyrańsko obici i pokaleczeni zostali. On jakoby żadnej krzywdy nie doznał, zupełnie wesoły udał się do wsi, która dotąd nazywa się Pustynia

Krystyna swoją pięknością, ale i elokwencją przewyższała inne kobiety. Podobna do haka była to jednak uroda. Do domu tej kobiety książę Bolesław włamywał się siłą. Znieważał ją i uprowadzał. Usiłował odebrać jej potomstwo.[59]

Kronikarz Jan Długosz uczynił również z Rugi postać heroiczną, godną naśladowania, chociaż jej możnych synów oskarżał o współudział w zbrodni, która miała się dokonać w kościele na Skałce. Kronikarz stworzył przystępną dla swoich czytelników postać Małgorzaty herbu Strzemię, żony Mikołaja z Żębocina. Małgorzata miała

---

[59] Jan Długosz, Roczniki czyli Kroniki sławnego Królestwa Polskiego, t. 3–4, Warszawa, 1969: Biskup krakowski Stanisław, oburzony na cudzołóstwo i haniebne porwanie przez króla Bolesława Krystyny, żony rycerza Mścisława, karcił i napominał króla po ojcowsku. A kiedy król lekceważył zbawienne napomnienia, biskup postanowił go ukarać surową klątwą.

uchronić się od wszelkiej zarazy w murowanym kościele, razem z obiema swoimi siostrami. Trzy siostry zachowały rasową czystość, chociaż ich los wisiał na włosku.[60]

Biskup Stanisław miał początkowo wahać się i postępować umiarkowanie, a przynajmniej niezbyt surowo, bo i książę Bolesław zdawał się znosić dzielnie apostolski rygor. Nie jest łatwo powstrzymywać wrodzone zapędy. Czasem wystarczy jedna iskra. Wśród panów Rugi, którzy nosili Strzemię lub Ogniwo na tarczach szerzyło się zniszczenie, ale przecież i samemu biskupstwu krakowskiemu zagrażał pożar.[61]

---

[60] Ibidem: przez cały czas, gdy jej mąż walczył w obozie króla, zaopatrywała się w żywność za pomocą sznura. Toteż aż do dnia dzisiejszego cieszy się sławą z powodu zachowanej czystości.
[61] Antoni Małecki, Studya heraldyczne, t 2, Lwów,

Bolesław Śmiały nie dość uważnie wsłuchiwał się w słodkie dźwięki kościelnych dzwonów, zapominając o tym, że powroty do łask papieskich bywały w przeszłości dla Polski kosztowne. Pustynia nie zmieniła się z dnia na dzień w Łąkę świętą, jasne błonia.[62] Aby marzenie o tytule królewskim wreszcie mogło się spełnić, potrzebna była przychylność papieża i biskupów polskich.

1890: Jeśli zważymy, że łacińska nazwa herbu ogniwo tak w sądowych zapiskach, jak u Długosza brzmi stale i konsekwentnie ignile, to pewnie nie będziemy wątpili, że chyba mowa tu o krzesiwie.

[62] Żywot świętego Stanisława biskupa krakowskiego oraz żywoty świętych patronów polskich, węgierskich, czeskich, morawskich, pruskich i szlązkich, Kraków, 1865: Za haniebne zaś swoje wyrzucenie, za obelgi i przezwiska, jakiemi go zelżył Jan szlachcic, pochodzący z rodu niskiego i ojca trudniącego się wypalaniem i sprzedażą smoły, na tych tylko słowach poprzestał, mówiąc: „Kiedy o Panie! do udzielenia błogosławieństwa miejscu dla Ciebie przeznaczonemu, nie zostałem dopuszczony, Ty miejscu temu na którem teraz stoję, udziel błogosławieństwa", i odtąd miejscu temu nazwa nadana: Łąki świętej

Aby dobry pasterz mógł zwyciężyć nad doczesnością, Stanisławowi trzeba było wytrącić laskę biskupią – kurwaturę z ręki. Stanisław miał ponieść śmierć męczeńską, ginąc pod ciosami rozszalałego króla.

OD 1076 DO 1100 R. LATA PANOWANIA BOLESŁAWA II SZCZODREGO I WŁADYSŁAWA I HERMANA.

Fylfot i Tau – dwa krzyże.

Od czasu, gdy Andrzej Świerad - Żurawek osiadł w Puszczy Nitryjskiej, góra Zobor i kraina leżąca u jej stóp związana była ściśle z Węgrami, ale również z Polską, z Piastami, a zwłaszcza z panami Tugi. Węgrzy i ich władcy z dynastii Arpadów doskonale znali tych przybyszy znad rzeki Odry (Suevus), nad którą w starożytności leżały siedziby Swewów. Arpadowie często korzystali z usług panów Tugi. Prym pośród nich wiedli możnowładcy nazywani przez

Węgrów Poznanami.[63]

Panowie Tugi doznali wielu klęsk po śmierci Mojsława, rządcy Mazowsza. Wycierpieli wiele w związku z tragiczną śmiercią kolejnego spośród szlachetnych dziedziców po ich krwi, biskupa krakowskiego Stanisława. Pojawił się wreszcie ten, który przyniósł im obietnicę nagrody za wyrządzone zło, a którego imię zachowało się głównie w dziełach heraldycznych. Rożni heraldycy zapisywali te imię na kilka sposobów. Czasem był to Sobor, czasem Sochor, wreszcie Wszebor.[64] Sochor to żuraw, którym lud

[63] Ján Steinhübel, The Nitrian Principality, 2020: According to the position of the oldest Poznan properties, we have to look for Poznan's principality in south-western Slovakia. The whole of south -western Slovakia was the territory of a principality with its centre in Nitra, which Anonymus delimits by the rivers Váh, Hron, Danube and Morava and labels it as a ducatus and provincia.

[64] Pafnucjusz Brzeziński, Zbiór Słowa Boskiego, y pochwał Swiętych Pańskich z pola kaznodzieyskiego

zwykł sięgać po wodę w studni, ale żurawiami nazywano również niektóre miecze, kosy, które miały służyć do „obrony wiary".

Księstwo Nitry było cieniem dawnej Nitry, sławnej krainy soli sprzed wieków, która weszła w skład Wielkich Moraw. Komes Nitry Mojżesz (Moyses) zaspakajał pragnienia panów Tugi. Szansa dla nich pojawiła się po śmierci króla Węgier Władysława Świętego z dynastii Arpadów. Mojżesz, znaczy „ten, który został wyciągnięty z wody".[65]

Tymczasem, w nieodległej Polsce, po najwyższe urzędy sięgali panowie Rugi. Stali się silnymi ramionami Piastów, niemal na

---

zgromadzony, 1761: SANCHOR, czyli SOCHOR albo SOBOR rzeczony z łacińskiego, (…) zostawiwszy z niey Potomka godnego wspomnienia, imieniem SOBORA

[65] Ján Steinhübel, The Nitrian Principality, 2020: Moses was the Nitrian count only to the time, when this dispute took place.

zasadzie wyłączności. W Czechach Przemyślidów odbierano panom Rugi majątki i zsyłano na wygnanie, natomiast w piastowskiej Polsce obdarowywano ich najwyższymi urzędami i rozległymi majątkami. Władza potężnego wojewody Sieciecha (Setheus) herbu Starża (Topór), jednego z panów Rugi sięgała równie daleko, jak władza księcia Władysława Hermana. Toporczyk pustoszył ziemię pomorską i morawską, nie pozwalając nikomu zapomnieć, czym była wcześniej Bradacica lub Oksza.[66]

W imieniu księcia, Sieciech wiódł wojsko przeciwko wrogom na północy i na

---

[66] Józef Łepkowski, Broń sieczna w ogóle i w Polsce, Kraków, 1857: Dwie oksze na krzyż żelazcem do góry toporzyskami na dół, stanowią herb Bradacice. Wreszcie prócz Toporu godła najstarszych rodzin naszych, jest jeszcze siekiera w herbie Bokii.

południu. Jednakże Sieciech nie był łowcą ludzi na wzór swoich przodków lub krewnych, toteż nie brakowało mu zakorzenionych w przeszłości wrogów. Sieciech miał upokarzać współbratymców, bowiem wynosił do urzędów ludzi nisko urodzonych i załatwiał swoje interesy poprzez egzekutorów – legatów – wysłanników pańskich (pristaldi).[67]

Nie wszystko jednak bywa złotem, co się oczom świeci. Bolesław Krzywousty (Curvus), prawowity syn księcia Władysława Hermana nie był mniej wart od posągowego brata.[68] Od urodzonego z konkubiny

---

[67] Joachim Lelewel, Polska wieków średnich, t.3, Poznań, 1859: Te służebnice, ci ministeriales, służba sądowa, niczym jinnym nie są tylko tak dawniej zwani pristaldi, przystawcy. Rzecz taż sama, być może przy reorganizacji, zmieniła nazwę.
[68] Elżbieta Kowalczyk, Krzywousty - skaza fizyczna czy moralna?, Kwartalnik Historyczny, t. 101, 1994: w czternastowiecznej Kronice o Piotrze Włostowicu,

starszego brata Zbigniewa. Bolesław przeszedł na świat jako syn Judyty, córki króla z dynastii Przemyślidów. Książę Władysław Herman i Judyta wysłali do grobu św. Idziego złoty posąg wielkości dziecka. Moc św. Idziego stała się tarczą nowo narodzonego Bolesława Krzywoustego. Judyta Przemyślidka zmarła po porodzie, lecz wkrótce jej miejsce u boku Władysława Hermana zajęła inna Judyta, owdowiała królowa z rodu Salierów. Wtedy też bastarda książęcego Zbigniewa oddano do klasztoru w Quedlinburgu.

Władysław Herman polegał na Sieciechu, ale i jego pierworodny syn

---

której autor nie był pewien, czy Curvus - Krzywousty oznacza człowieka garbatego (gibbosus), czy też „ jak sądzą inni" mającego krzywe wargi. (…) Przekaz Długosza jest wyraźną amplifikacją i historycy szukali innych wyjaśnień.

Zbigniew odnalazł swojego sprzymierzeńca i wspaniałomyślnego protektora. Stał się nim pan Rugi - komes Magnus (Magne), raczej nie kolejny Wielisław, ale magnus comes, czyli żupan, pan ziemi wrocławskiej herbu Zaremba (Zaruba).[69]

Krewną tego Magnusa - włodyki - włosta miała być matka Zbigniewa. Potomni widzieli w niej dzieło heraldycznej Prawdy, zapewne jakiś zarys upadłej Ewy, o której było trudno znaleźć więcej szczegółów w znanych kronikach.[70] Koligacje rodzinne albo ambicje Magnusa zapewniły

---

[69] Slavia occidentalis, t. 16-18, 1937: przydomek Włost (…) włodać, włodarz włodyka etc. tzn. że jego nazwisko późniejsze było pierwotnie nazwą godności, może nie jego, ale jego ojca, dziada lub pradziada

[70] Adam Krawiec, Seksualność w średniowiecznej Polsce, Poznań, 2000: Wszyscy późniejsi autorzy zgodnie przyjęli tezę o nieślubnym pochodzeniu Zbigniewa. Rękopis Kroniki wielkopolskiej Sędziwoja z Czechła dodał, nie wiadomo, na jakiej podstawie, że jego matka pochodziła z rodu Prawdziców.

Zbigniewowi oparcie, gdy został wydobyty z klasztoru i sprowadzony do Wrocławia. We Wrocławiu bastarda książęcego przyjęto bardzo uprzejmie. Zbigniewa z pewnością nie traktowano jak zasługującego na naganę uciekiniera. Zbigniew łamiący nakazy nie lękał się ojcowskiej reprymendy.

Powrót Zbigniewa do kraju został odczytany jako wyzwanie rzucone ojcu, ale i młodszemu bratu. Przyjazny gest Magnusa prędko uznano za sprzeciw wobec dotychczasowej polityki Sieciecha. Pochopnie, być może, bowiem Magnus wahał się, ociągał z podjęciem ostatecznych decyzji. Nie chciał jawnie wypowiedzieć posłuszeństwa żadnemu z Piastów, lecz został wciągnięty przez bieg zdarzeń.[71] Zarysowująca się na horyzoncie

---

[71] Szymon Okolski, Orbis Poloni, t.3, Kraków, 1645: Hoc enim nomen Magnus commune Zarembijs, ob magnitudinem animi genij fortitudinis fuerat.

walka o władzę w rodzinie panującej podzieliła również samych panów Rugi. Łańcuch składający się z wielu ogniw został naciągnięty zbyt mocno i groził zerwaniem.

Do otwartej kłótni doszło jeszcze w 1093 roku. Zbuntowany Wrocław wytrzymał oblężenie, chociaż cała kraina nad dolną Odrą została w tym czasie niemal całkowicie wyludniona. Zbudzony lew przeskoczył mur, a może raczej zderzył się z rzeczywistością godną wizji, która nawiedziła proroka Daniela. Magnus zmusił wojewodę Władysława Hermana do ucieczki. W decydującym momencie Sieciech zdołał umknąć przed pościgiem w kierunku Poznania. Tę peregrynację dzielił on wraz z małoletnim Bolesławem Krzywoustym.[72]

---

[72] Aneta Pieniądz-Skrzypczak, Jerzy Pysiak, Sacrum - obraz i funkcja w społeczeństwie średniowiecznym,

Władysław Herman pojednał się z pierworodnym swoim synem Zbigniewem. Ponadto, uznał go za swojego prawowitego sukcesora. Komes wrocławski Magnus odniósł zwycięstwo godne jego przyszłych wyczynów na Mazowszu. Siły chaosu zostały pokonane.[73]

Bardzo młodemu wciąż Bolesławowi Krzywoustemu nie brakowało okazji do rozwijania swoich talentów, zaledwie znalazł się pod opieką wybitnego specjalisty, komesa Wojsława, krewnego Sieciecha. Zuchwałych czynów dokonywał ów Wojsław nazywany Powałą, który znak męstwa nosił na głowie

---

Warszawa, 2005: Wizja prorocka ukazuje cztery bestie wychodzące z morza, które pokonuje wysłaniec Boga, Syn Człowieczy.

[73] Kasper Niesiecki, Herbarz Polski, tom I, Lipsk, 1839-1846: Długosz o nim mówi krótko: superiorem partem leonis et quatuor lapides in parte in feriori habens: nic o murze niewie.

niczym sławna z wielu historii rozczosana Panna, Meretrix.[74] Był bowiem Wojsław herbu Ogończyk (Hogon) jeszcze jednym z panów Rugi. Należy podkreślić, że herb Zerwikaptur to nie to samo, co Złotogoleńczyk, bo panowie Rugi zawsze odróżniali się od panów Tugi, niczym biblijny Samson od Filistynów, a ręce panieńskie od nóg zbrojnych. [75] Herb Zerwikaptur jedynie za odmianę Ogończyka uchodził.

Wojsław stale dostarczał dowodów na poparcie tezy, że ten jest jedynie wolny, który strachowi lub złemu nie jest powolny. Zapominając o tym, że gdy ogon rządzi, tam

---

[74] Bartosz Paprocki, Herby rycerstwa polskiego, Wydawnictwo Biblioteki Polskiej, Kraków 1858: Ogończyk (…) z hełmu ręce panieńskie, pamięć wieczna, że na prośbę od niego nieprzyjacielowi obroniona była.

[75] Biblia Tysiąclecia, Sdz 15, 8: I zadał im wielką klęskę, bijąc od bioder aż do goleni.

głowa błądzi, miał czelność ubiegać się o najwyższe zaszczyty. Z jednakową dzielnością atakował on pogan pod Międzyrzeczem lub szedł na ratunek ofiarom rozboju pod Głogowem. Od niego Bolesław Krzywousty otrzymywał cenne wskazówki. Mógł je otrzymywać, choćby od św. Wita, transcendentnego młodzieńca z Kruszwicy, bo przecież nie od Zbigniewa, brata, któremu próbował dorównać. Którego zamierzał przewyższyć.

Bolesław dorastał. Od Zbigniewa odwrócił się jego protektor, Magnus. Odstąpili inni sprzymierzeńcy. Zbigniew nie posiadał nadprzyrodzonych talentów ani cudownej broni. Na nieszczęście dla niego, Zbigniew nie posiadał żadnej złotej włóczni, która mogłaby uczynić go nietykalnym. Zgubiła go wreszcie pewność siebie i został pokonany przez własnego ojca w krwawej bitwie nad jeziorem Gopłem. Sądny to był dzień w starożytnej Kruszwicy, który jedynie rybom z jeziora przysporzył nędznego pokarmu.[76]

Bolesław Krzywousty mniej był pochopny od Zbigniewa w sprawach rycerskich. Wiernie dążył do zdobycia cnót. Walczył, gdy mógł sobie na to pozwolić, ale też potrafił wycofać się, jeśli zachodziła taka potrzeba ze względów bezpieczeństwa. Sięgał już po wawrzyn zwycięstwa na polu bitewnym, ale też musiał godzić się z tym, że św. Wawrzyniec czasem sprzyjał innym,

---

[76] Gall Anonim, Kronika polska, Wrocław, 1982: W ten sposób Kruszwica, opływająca przedtem w bogactwa i [zasobna] w rycerstwo, zamieniła się nieomal w pustynię. Zbigniew tedy, ocaliwszy się wraz z nieliczną garstką ucieczką do grodu, nie był pewien, czy życie straci, czy któryś z członków.

starszym od niego i sprytniejszym.[77]

Tym, który swoją potęgą nieustannie zagrażał obu synom Władysława Hermana był Sieciech herbu Starża. Wojewoda posiadał prawie wszystko, aby po śmierci ich ojca zacząć sprawować samodzielne rządy w kraju. Zbigniew, który szczęśliwie wydostał się z sieciechowskiego zamku zdecydował się połączyć siły z bratem Bolesławem. Ukazał bratu poczynania Sieciecha w nowym świetle. Zbigniew przekonał Bolesława do własnego planu.[78]

---

[77] Ibidem: Zachowajcie spokój, a zarazem oczekujcie weseli dnia dzisiejszego, który nas zwycięskim uwieńczy wawrzynem! Dotychczas Czesi naigrawali się z Polaków i za rycerskie rzemiosło uważali, jeśli im się udało, jak potworom morskim lub leśnym, porwać cośkolwiek z trzód naszych i uciec z tym w lasy.

[78] Adam Mickiewicz, Pisma, t.6, Lipsk, 1869: Królewiczowie objąwszy władzę nad wojskiem, umyślili do reszty nękać Sieciecha. Zbigniew nienawidził go jako dawnego prześladowcę, Bolesław jako surowego niegdyś opiekuna i wszechwładnego

Bracia postanowili działać zgodnie dla własnych, póki co, wspólnych aspiracji. W pierwszej kolejności odsunęli od siebie poszczególnych panów Rugi, łącznie z tymi najbardziej godnymi zaufania. Przebiegły wojewoda uzależnił od siebie ich ojca i jego małżonkę Judytę. Tym bardziej zdolny był do wywierania wpływu na własnych krewnych. W każdym razie, bracia wystrzegali się zdrady. Jakaś zasadzka mogła zakończyć się śmiercią jednego z nich lub nawet ich obu, a sprawy zdawały się nabierać rozpędu. [79] Synowie spotkali się ze starzejącym ojcem. Pierwszy raz, drugi, trzeci. Przekonywali ojca do swoich

---

ojcowskiego polubieńca.

[79] Krzysztof Benyskiewicz, Książę Polski Władysław I Herman 1079-1102, Zielona Góra, 2010: Dziwaczna aluzja zawarta w pierwszym zdaniu 17 rozdziału drugiej księgi: „Hactenus de Zetheo et regina dixisse sufficiat [...], powinna chyba wzmocnić w czytelniku przekonanie o aktywnej roli królowej. Rozdział poprzedni, 16, opowiadał o buncie synów Władysława

racji. Próbowali różnymi sposobami odciągnąć go od Sieciecha, lecz ten wciąż nie przestawał bronić Sieciecha przed ich gniewem. Władysław Herman zostawiał obu rosnących w siłę synów niemal z pustymi rękami. Mogło się wydawać, że sprawa Sieciecha połączyła Zbigniewa i Bolesława mocniej niż jakakolwiek inna rzecz do tej pory.

Zamek wojewody stał na prawym brzegu Wisły, niedaleko ujścia innej rzeki, którą nazywano Wieprzem. W tym zamku wojewoda znajdował bezpieczne schronienie, gdy wróg pustoszył okoliczne ziemie. Nadszedł jednak czas, gdy wróg przestał szydzić z Polski. Cała ta kraina została wybawiona od Sieciecha i jego ciągłych intryg. Sieciech został wygnany, a przynajmniej dożywotnio pozbawiony wszelkiej władzy.

Królowa, może Judyta Hermanowa, a może zupełnie inna „Jewa" padła ofiarą przemocy.[80]

Książę Władysław Herman dożywał swoich dni pozbawiony swojego najdoskonalszego doradcy. W ostatnich latach życia nie chciał stać się świadkiem jakichś radykalnych, politycznych zmian, rodzinnych awantur. Jeden z czcigodnych panów Bugi, Czasław wychodził naprzeciw jego oczekiwaniom. Ten pretendent do biskupiego stolca w Krakowie ożywiał nadzieje starego księcia na obronę status quo. Niestety, nie tylko na Wawelu znano prawdziwą wagę skarbca kościelnego.[81]

---

[80] Janusz Kurtyka, Tęczyńscy: studium z dziejów polskiej elity możnowładczej w średniowieczu, Kraków, 1997: W skład dóbr Sieciecha wchodziły dwa ważne grody jego imienia: Sieciechów nad Wisłą, u ujścia Wieprza, i Sieciechów na Mazowszu koło Kutna.

[81] Józef Dobosz, Monarchia i możni wobec Kościoła

Nowy biskup krakowski z pewnością mógł liczyć na poparcie stronników cesarza, na którym to poparciu Władysławowi Hermanowi zawsze zależało. Niemniej Czasław mógł spróbować stosunkowo tanim kosztem zaspokoić apetyty papieskich popleczników. Mógł łagodzić skutki prawdopodobnej walki o władzę jednego syna z drugim. Gdyby nie mnożono przeciwko niemu oskarżeń, mógłby uczynić coś dla Krakowa i kraju. Biskup Czasław zostałby strażnikiem spuścizny Władysława Hermana, gdyby nie oczekiwano od niego czegoś innego. Biskupi bywali ojcami najczęściej tylko duchowymi, w innym wypadkach mogli być

---

w Polsce do początku XIII wieku, Poznań, 2002: Postać ta w zasadzie nie występuje w innych źródłach, o czym już wspominaliśmy, a wymienia Czasława jeszcze inwentarz skarbca katedry krakowskiej z 1101 roku. Trzeba więc przyjąć, że był on biskupem po Lambercie (zm. w 1101 roku), a przed Baldwinem (ordynowany w 1103).

rozliczani ze ślubu doskonałej czystości. [82]

Wypadek bywa często nagodny, czyli pomyślny.[83] Soborowi herbu Prus III, tj. komesowi Mojżeszowi z Nitry miał książę Bolesław Krzywousty przysłać złotą nogę. Złoto należy ze złotem łączyć, chociaż goleń to nie ręka, choćby złota. Inaczej rzecz wyrażając, herb Drogomir to nie to samo, co Drogosław, bowiem panowie Tugi zawsze odróżniali się od panów Rugi, niczym Filistyni od Samsona, a krzyż tau od krzyża fylfot.

---

[82] Stanisław Kozierowski, Ród Porajów Różyców, Kraków, 1930: Nie wiele możemy powiedzieć o biskupie krakowskim Czesławie z lat 1101-3, który zniewolony był zlecić rządy Baldwinowi, a syn jego Andrzej świadczył około r. 1143 w dokumencie klasztoru mogileńskiego.

[83] Teodor Żychliński, Złota księga szlachty polskiej, Poznań, 1881: Opaccy herbu Prus III czyli Nagody. Dom to bardzo starożytny i niegdyś na Mazowszu do najmożniejszych się zaliczający a imionami kilku znakomitych senatorów i mężów stanu w dziejach Rzeczypospolitej zaszczytnie zapisany.

Poza tym, legenda herbu Drogomir z trzema zbrojnymi goleniami w tarczy za odmianę legendy herbu Prus III z nogą zbrojną w hełmie uchodziła.[84]

Jeśli wierzyć Gallowi Anonimowi i innym kronikarzom związanym z opactwem w Lubiniu, nie można było pewnych mężów złotem straszyć.[85] Niektórzy sumiennie wywiązywali się z opieki nad powierzoną im trzodą.[86] Nie zapominano wprawdzie

---

[84] Kasper Niesiecki, Herbarz Polski, tom VII, Lipsk, 1841: Sobor mu imię było, nogę odcięto, Bolesław książe Polski złotą mu w nagrodę przysłał, a na hełmie, już nie rękę, ale nogę zbrojną, na pamiątkę dzielności jego, nosić pozwolił

[85] Kazimierz W. Wójcicki, Przysłowia narodowe, Warszawa, 1830: ztąd poszło Abdankować, dziękować, mianowicie za woyskową służbę np. Woysko teraz abdankuie

[86] Wojciech Kętrzyński, Studyja nad dokumentami XII wieku, Kraków, 1891: Czem więc byli? Zdaniem mojem byli sekretarzami i poufnymi doradcami, którzy nieliczną korespondencyję swych panów z Kuryją rzymską, z kapitułami zakonów i z krewnymi zagranicznymi załatwiali. Takimi sekretarzami byli

o Żelisławie herbu Belina lub Dąb (Duba) i popełnionym przez niego świętokradztwie.[87]

W okresie postu podjęto wyprawę wojenną na Morawy, zapominając, że za naruszenia Wielkiego Postu karano niegdyś w Polsce wyłamaniem zębów. Tym razem zapomniano, że Jezus obmywał nogi w Wielki Czwartek, a Piłat mył ręce w Wielki Piątek. Nieczuły Żelisław stracił oparcie w powierzonych mu trzech hufcach wybrańców, chociaż miały one bić swoich przeciwników, podobnie jak biblijny Samson bił Filistynów, od bioder do goleni. Pomimo impasu, czy też klęski Żelisława na Marsowym

---

niewątpliwie kanclerz Michał u dworu Krzywoustego, o którym Marcin Gall chlubnie wspomina

[87] Jan K. Dachnowski, Zdzisław Pentek, Herbarz szlachty Prus Królewskich z XVII wieku, Kórnik, 1995: Dąb Zelsławskich Róże białe, czarny trianguł (…) Origo gentis Hauora autor familiae a Quercu vel a Duba

Polu, książę Bolesław Krzywousty uczcił złotą ręką powracającego z Moraw dowódcę, bo przecież nie był on pozbawiony zdolności. Drzewo też na swój sposób krwawi. Nadzieje panów Tugi, ale i drzewo zasadzone przez przodków usiłował wywrócić do góry nogami jeden z ich współrodowców. Tragedia Żelisława polegała na tym, że był on potomkiem samego Pruskoschiusa I, czy raczej Prusa I, a nie drugim Wojsławem Powałą, czy innym Piotrkiem.[88]

Księstwo Nitry zostało zniszczone ogniem podczas kolejnej ofensywy. Tym razem, lemiesze, topory i rydle panów Rugi nie zawiodły księcia Bolesława Krzywoustego. Pierwsi krzyżowcy i ogółem chrześcijanie nie zapominali jednak o łasce przebaczenia

---

[88] Dominicus F. Calin, Phoenix redivivus, Wiedeń, 1683: Pruskoschius I. Comes Bilinensis (...) Filij ei suerunt Duo; Slawiezius II & Zelislaus I.

i o pokucie, a przecież rozmaite były źródła, czy też studnie mądrości.[89] Świątynia Nitry, słowiańskiej Cylicji (Kilicia) miała zostać odrestaurowana nie siedem razy, ale siedemdziesiąt siedem razy. Złoto (sertum aureum et marcam auri) trafiło ostatecznie do skarbca, chociaż nie do tego, który należał do katedry krakowskiej. Trafiło do skarbca w Lubiniu, któremu patronowali asertywni panowie Rugi, Michał z Góry, Skarbimir i inni Awdańcy – „Skarbkowie".[90]

---

[89] Wojciech J. Górczyk, Początki Opinogóry w świetle dokumentu wojewody Żyry, Notatki Płockie, 2018: Gdyby w Płocku były dwa różne kościoły, jeden fundowany przez pierwszą żonę Wojsława Dobromiłę, a drugi kościół fundowany przez Dobiechnę, drugą żonę Wojsława, to określenie kościół Wojsławowej byłoby niejednoznaczne. Więc można przyjąć, że dokument Żyry i dokument Gedki mówią o tym samym kościele, jak sądzi Deptuła i Szacherska.

[90] Jerzy Dowiat, Polska w świecie: szkice z dziejów kultury polskiej, Warszawa, 1972: Tak czy owak komes Żelisław otrzymał od księcia cenny dar

Prawnukowie woleli przypisać Wojsławowi Powale powtórny ożenek. Nie zapominano o Sędowojnie, „świętej wojnie”, która ujawniła głębokie podziały w świecie judeochrześcijańskim. Kilian, teść Wojsława przestał być Kielczem, a „niedźwiedzica” Dobiechna przestała być Dobromiłą. Pomimo zawieszenia pomiędzy tym, co minione, a tym, co było zupełnie nowe, Virgo Violata (VV), Panna z Trąbami wciąż wznosiła obie ręce nad Polską.[91]

---

w złocie, który tym łatwiej mógł nakłonić go do myśli o złożeniu z kolei jakiegoś daru w tym szczególnie cenionym w kręgach kościelnych kruszcu klasztorowi w Lubiniu.

[91] Gall Anonim, Kronika polska, Wrocław, 1982: biskupom polskiej ziemi, a także swemu współpracownikowi, wielebnemu kanclerzowi Michałowi, sprawcy podjęcia tej pracy, pisarz niniejszego dziełka [życzy], by na świętej górze Pańskiej Syjon gorliwie czuwali nad powierzoną im trzodą

LITERATURA

Adamczewski M., Pieczęcie instytucji sądowych miast Wielkopolski do końca XVIII w. a heraldyka miejska, Acta Universitatis Lodziensis. Folia Historica, t.64, 1999

Bartmiński J., Słownik stereotypów i symboli ludowych, Lublin, 1996

Benyskiewicz K., Książę Polski Władysław I Herman 1079-1102, Zielona Góra, 2010

Benyskiewicz K., Mieszko Bolesławowic 1069-1089, Kraków, 2005

Bielowski A., Wstęp krytyczny do dziejów Polski, Lwów, 1850

Bogusławski W., Dzieje słowiańszczyzny północno-zachodniej do połowy XIII w., t. 3, Poznań, 1892

Borovsky J., Chrysalis I, 2019

Brückner A., Słownik etymologiczny języka polskiego, Kraków, 1927

Brzeziński P., Zbiór Słowa Boskiego, y pochwał Swiętych Pańskich z pola kaznodzieyskiego zgromadzony, 1761

Buko A., Ośrodki centralne a problem najstarszego patrymonium dynastii Piastów, Archeologia Polski, t. 57, 2012

Calin D. F., Phoenix redivivus, Wiedeń, 1683

Cetwiński M., Herby, legendy, dawne mity, Wrocław, 1989

Charvát P., The Emergence of the Bohemian State, Leiden – Boston, 2010

Charvát P., Příběhy dávného času, Vyšehrad, 2022

Chmielewski L., Tajemnice herbów polskich, Poznań, 2005

Codex Diplomaticus Et Epistolaris Moraviae, t.5, Brno, 1850

Dachnowski J.K., Pentek Z., Herbarz szlachty Prus Królewskich z XVII wieku, Kórnik, 1995

Davies N., Roger Moorhouse, Mikrokosmos, 2020

Długosz J., Dziejów polskich ksiąg dwanaście, Tom 1, Czas, 1867

Długosz J., Roczniki czyli Kroniki sławnego Królestwa Polskiego, t. 3–4, Warszawa, 1969
Długosz J., Żywot świętego Stanisława biskupa krakowskiego oraz żywoty świętych patronów polskich, węgierskich, czeskich, morawskich, pruskich i szlązkich, Kraków, 1865
Dobosz J., Monarchia i możni wobec Kościoła w Polsce do początku XIII wieku, Poznań, 2002
Dowiat J., Polska w świecie: szkice z dziejów kultury polskiej, Warszawa, 1972
Dróżdż K., Kazimierz Odnowiciel, Wodzisław Śląski, 2009
Dybek D., Z kart kronik do żywotów świętych - Borys i Gleb w literaturze staropolskiej, Pamiętnik Literacki: czasopismo kwartalne poświęcone historii i krytyce literatury polskiej 84/3/4, 5-16, 1993
Eyring E. M., Vita Ernesti Pii, Ducis Saxoniae, Lipsk, 1704
Gall Anonim, Kronika polska, Wrocław, 1982
Godula R., Róża męczeńska, Folia Historica Cracoviensia, t. 10, 2004
Górczyk W. J., Początki Opinogóry w świetle dokumentu wojewody Żyry, Notatki Płockie, 2018
Grudziński T., Bolesław Szczodry: zarys dziejów panowania. Cz. 1, Toruń, 1953
Gumowski M., Corpus nummorum Poloniae, Kraków, 1939
Gutkowski K., Rawicze Gutkowscy z Gutkowic, Warszawa, 2003
Jana Długosza Kanonika Krakowskiego dzieła wszystkie, t.2, Kraków, 1867
Kętrzyński W., Studyja nad dokumentami XII wieku, Kraków, 1891
Kosmas, Kronika Czechów, Warszawa, 1968
Kowalczyk E., Krzywousty - skaza fizyczna czy moralna?, Kwartalnik Historyczny, t. 101, 1994
Kozierowski S., Ród Porajów Różyców, Kraków, 1930
Kraszewski J. I., Gawędy o literaturze i sztuce, t. 1, Lwów, 1857

Krawiec A., Seksualność w średniowiecznej Polsce, Poznań, 2000
Kronika Książąt Polskich, Opole, 2019
Kronika węgierska na początku wieku XII ..., Warszawa, 1823
Kubisiak P., Czy Macheront jest miejscem męczeńskiej śmierci Jana Chrzciciela? Historia, archeologia miejsca i teologia, Studia Gdańskie, tom 48, 2021
Kurtyka J., Tęczyńscy: studium z dziejów polskiej elity możnowładczej w średniowieczu, Kraków, 1997
Lelewel J., Polska wieków średnich, t.1, Poznań, 1855
Lelewel J., Polska wieków średnich, t.3, Poznań, 1859
Linde S. B., Słownik języka polskiego, tom 4, Lwów, 1858
Łepkowski J., Broń sieczna w ogóle i w Polsce, Kraków, 1857
Makiłła D., Historia prawa na ziemiach polskich, t.1, Toruń, 2000
Małecki A., Studya heraldyczne, t 2, Lwów, 1890
Martini Galli Chronicon, wyd. J. W. Bandtkie, Warszawa, 1824
Mickiewicz A., Pisma, t.6, Lipsk, 1869
Monumenta Poloniae Historica, t. 1, Lwów, 1864
Monumenta Poloniae Historica, t. 3, Lwów, 1878
Możdżan J., Prasłowianie, Słowianie, Polacy – rozważania, Krosno, 2015
Naruszewicz A., Historya narodu polskiego, Warszawa, 1802
Niesiecki K., Herbarz Polski, tom I, Lipsk, 1839-1846
Niesiecki K., Herbarz Polski, tom VI, Lipsk, 1841
Niesiecki K., Herbarz Polski, tom VII, Lipsk, 1841
Okolski S., Orbis Poloni, t.3, Kraków, 1645
Oleszczyński A., O Polakach co słynęli w obcych i odległych krajach. Opisy i wizerunki, Paryż, 1843
Paprocki B., Herby rycerstwa polskiego, Wydawnictwo Biblioteki Polskiej, Kraków 1858
Paprocki B., Ogrod krolewsky, 1599

Pieniądz-Skrzypczak A., J. Pysiak, Sacrum - obraz i funkcja w społeczeństwie średniowiecznym, Warszawa, 2005
Pleszczyński A., Przestrzeń i polityka. Studium rezydencji władcy wcześniejszego średniowiecza. Przykład czeskiego Wyszehradu, Lublin, 2000
Potocki W., Poczet herbów szlachty, Kraków, 1696
Pruszcz P. H., Klejnoty stołecznego miasta Krakowa, Kraków, 1861
Roczniki historyczne, tom 72, Poznań, 2006
Schikfuss J., New vermehrete Schlesische Chronica unnd Landes Beschreibung, Wrocław, 1625
Semkowicz A., Krytyczny rozbiór Dziejów Polskich Jana Długosza (do roku 1384), Kraków, 1887
Sękowski R., Herbarz szlachty śląskiej, t.1, Katowice, 2002
Slavia occidentalis, t. 16-18, 1937
Słownik starożytności słowiańskich, t.6, 1977
Steinhübel J., The Nitrian Principality, 2020
Szelągowski A., Wici i topory, Kraków, 1914
Wenceslai Hagek a Liboczan Annales Bohemorum t.4, Praga, 1772
Wielka encyklopedia Powszechna, tom IX, Warszawa, 1893
Wincentego z Kielc żywot mniejszy i żywot większy św. Stanisława, Analecta Cracoviensia, t. 11, 1979
Wójcicki K. W., Przysłowia narodowe, Warszawa, 1830
Zaremska H., Żydzi w średniowiecznej Polsce. Gmina krakowska, Warszawa, 2011
Żychliński T., Złota księga szlachty polskiej, Poznań, 1881
Żywot świętego Stanisława biskupa krakowskiego oraz żywoty świętych patronów polskich, węgierskich, czeskich, morawskich, pruskich i szlązkich, Kraków, 1865

www.ingramcontent.com/pod-product-compliance
Lightning Source LLC
LaVergne TN
LVHW050324160826
845677LV00014B/3534

* 9 7 8 8 3 9 7 0 1 0 4 0 6 *